AF192469

El pequeño
Libro de la
Numerología

Para Willow

El pequeño
Libro de la
Numerología

Ignacia Glebe

Título original: *The Little Book of Numerology*

Traducción: Blanca González Villegas

© 2023, Octopus Publishing Group Ltd.

Publicado originalmente en Gran Bretaña en 2023 por Gaia, un sello de Octopus Publishing Group Ltd.

Publicado por acuerdo con Octopus Publishing Group Ltd., Carmelite House, 50 Victoria Embankment, Londres EC4Y 0DZ, Inglaterra

De la presente edición en castellano:
© Distribuciones Alfaomega S.L., Gaia Ediciones, 2024
   Alquimia, 6 - 28933 Móstoles (Madrid) - España
   Tel.: 91 617 08 67
   www.grupogaia.es - E-mail: grupogaia@grupogaia.es

Primera edición: febrero de 2025

Depósito legal: M-19.855-2024
I.S.B.N.: 978-84-1108-152-8

MIXTO
Papel | Apoyando la
silvicultura responsable
FSC® C144853
www.fsc.org

Impreso en China

Índice

Una introducción a la numerología:
aritmancia, gematría
y la poética de los números 6

Camino de vida uno: El Mago 23

Camino de vida dos: El Soñador 32

Camino de vida tres: El Cuentacuentos 40

Camino de vida cuatro: El Maestro 49

Camino de vida cinco: El Espíritu Libre 58

Camino de vida seis: La Diosa Doméstica 66

Camino de vida siete: El Buscador 75

Camino de vida ocho: El Dragón 82

Camino de vida nueve: El Ermitaño 90

Una introducción
a la numerología

Aritmancia, gematría y la poética de los números

El universo se nos revela por medio de los números.

Esta frase es, de algún modo, cierta, tanto en términos espirituales como prácticos: una de esas raras ocasiones en las que el científico y el ocultista pueden estar absolutamente de acuerdo. Encontramos el sentido del universo a través de los números. Buscamos datos, los interpretamos y ampliamos así nuestros conocimientos. Una y otra vez. ¿Cómo logramos aprender acerca de galaxias lejanísimas o del átomo más diminuto? La respuesta es: gracias a los números. Los necesitamos para lanzar un cohete o para aumentar un millón de veces algo minúsculo. Gracias a ellos, hacemos visible lo invisible, posible lo imposible. Los números nos permiten empezar a comprender el infinito.

Hay varios puntos en los que la ciencia y la espiritualidad convergen, y este es uno de ellos: la magia de los números y el misterio que pueden revelarnos.

Sin embargo, como nos sucede a muchos, es posible que los números no te entusiasmen. Quizá nunca se te dieron bien las matemáticas en el colegio, y estás encantado de haberlos dejado atrás. Quizá ahora significan sobre todo dinero…, y este implica, fundamentalmente, estrés (al menos es así para la mayoría de la gente). Quizá te resultan algo áridos…, y no es precisamente el tipo de cosas que esperas encontrar aquí. Pero no te vayas. Algo te ha impulsado a abrir este libro…, aunque solo haya sido el precio. A lo mejor tres numeritos impresos en la cubierta te han dado la sensación de que este libro podría merecer la pena; y es posible que esos números te hayan dicho algo importante. Tal vez te hayan transmitido la idea de que este libro es para ti, o de que podría serlo. A lo mejor te lo han regalado. Quizá estás en el descanso para comer, o ha llegado el fin de semana, o es el día o la hora en el que tienes un momento para ti. A lo mejor es, sencillamente, que todo ha encajado: tú estás aquí y yo estoy aquí. Las estrellas se han alineado, aunque haya sido unos instantes, para unirnos en esta página. Es posible que pienses que estoy expresándome con frivolidad. Crees que la numerología no está relacionada con el dinero, y tienes razón. Trata de mucho más. Los números van mucho más allá del dinero contante y sonante.

Los números hacen girar el mundo

Tengo un buen motivo para empezar con esta afirmación: deseo recordarte que los números están en todas partes y son importantes.

De hecho, nunca lo han sido tanto como ahora: piensa en tu número de la seguridad social, en los dígitos de tu móvil y en todos los unos y ceros de un millón de sistemas informáticos. Los números dirigen nuestra vida, nos dicen quiénes somos, lo que podemos hacer y dónde podemos ir. Están los números de nuestra cuenta bancaria; los de nuestro pasaporte; los de nuestro código postal, que determinan incluso el colegio al que vamos, así como el valor de nuestra casa y hasta el de nuestro voto. Los números hacen girar el mundo.

Vamos a dejarlo claro: estos números son, sin duda alguna, arbitrarios. Son constructos. Pero lo mismo sucede con todo. También las palabras lo son. Y las historias.

Y hay historias en los números, esas que consiguen que el universo cobre sentido, que siga girando, literalmente, en algunos casos. Aquí tienes una historia en números para ti.

La secuencia de Fibonacci

La secuencia de Fibonacci es una serie de números en la que cada uno es producto de los dos que lo preceden. Si empezamos con 0 + 1, obtenemos 1. Si sumamos 1 + 1, obtenemos 2. Si sumamos 2 + 1, obtenemos 3. Y 3 + 2 = 5; 5 + 8 = 13; 8 + 13 = 21; 13 + 21 = 34, y así sucesivamente hasta el infinito. Si lo dibujamos en un papel cuadriculado, obtenemos una imagen parecida a esta:

Es lo que se denomina una espiral perfecta, que va aumentando de una forma exactamente proporcional a sí misma.

Y aquí viene lo interesante: en la naturaleza podemos encontrar esta espiral perfecta por todos lados. Esta espiral perfecta, así como esta secuencia de números perfecta, aparece más de lo que podrías imaginar. Fue descubierta en respuesta a una adivinanza acerca de los hábitos de cría de los conejos, hace ochocientos años, pero se revela también cuando miramos las ramas de los árboles, las colmenas y las nubes de tormenta. Una colonia de abejas crece siguiendo este patrón, y lo mismo sucede con un árbol. ¿Y qué pasa con las tormentas? Los huracanes, por ejemplo, al igual que las galaxias, se organizan en esta espiral perfecta. Y lo mismo sucede con el oído humano. La secuencia de Fibonacci está también presente en la distribución de las semillas de girasol en el corazón de su flor; en la disposición de las escamas de las piñas, y en las conchas, si las cortas por la mitad. Algunos la definen como «la norma de Dios para hacer crecer las cosas». Otros, más audaces, la consideran «la huella dactilar de Dios». No sabemos lo que significa, ni por qué es siempre igual en todas partes. Lo que sí sabemos es que nos muestra que todo está conectado.

Estos números (la geometría sagrada, la proporción áurea y muchos otros nombres más) nos cuentan la historia de lo que implica estar vivo. O, en términos más amplios, de lo que conlleva existir. Los números tienen significados y, al aplicarse a la experiencia que observamos, nos dicen algo: nos muestran cosas que, de otra manera, podrían habernos pasado inadvertidas; nos revelan que todo es uno.

Cuando descubrimos los números, encontramos la verdad.

Los números pueden ser un constructo, pero hecho de personas y por personas, y existen historias en ellos y sobre ellos. Contamos en función del sistema de base diez, es decir, en múltiplos de diez, mientras que los ordenadores lo hacen en base dos, en código binario, con solo unos y ceros. Nosotros contamos en base diez porque tenemos diez dedos. Tan sencillo como eso. Nos miramos las manos y encontramos la manera de usarlas para dar forma al universo; vemos que eso tiene sentido para nosotros y trasladamos esa lógica a todo lo demás a fin de ordenar el caos del cosmos.

Creamos sistemas y los utilizamos para comprender lo incomprensible: encontramos el sentido a aquello que no lo tiene y extraemos historias del polvo de las estrellas. Eso es ser científico; eso es ser espiritual. Eso es ser persona.

Y esto nunca es tan cierto como cuando empezamos a estudiar numerología, disciplina que, en determinados aspectos, es la poética de los números, ya que busca patrones, formas y texturas, del mismo modo en que un poeta busca el ritmo, la asonancia y la aliteración en las palabras.

Sin embargo, por alguna razón, la numerología es quizá el integrante más menospreciado de la familia de la adivinación. No es tan popular como los horóscopos, ni tan pintoresca como el tarot, y carece del encanto clásico del arte del quiromántico. Sin embargo, con un poco de tiempo, puede ser la que más recompensas nos dé.

La numerología se practica en todo el mundo desde hace miles de años. No existe una única forma de ejercerla ni de interpretar un número. Por ejemplo, en Occidente, el siete simboliza la fortuna, mientras que en China, los números de teléfono se venden a menudo con distinto precio, en función de cuántos ochos contengan (¡dan buena suerte!). En cambio, en los países cristianos, uno que tuviera el 666 (¡el número de la bestia!) podría ser rechazado por todos, a excepción de los más valientes.

Nos basamos en nuestras creencias para conformar nuestra realidad; encontramos sentido a todo porque los seres humanos somos máquinas de encontrar sentido.

El efecto bouba/kiki

Sin embargo, la relación entre el lenguaje y la realidad es bidireccional.

Existe un experimento muy famoso denominado «efecto bouba/kiki» en el que se muestran dos formas a distintos grupos de personas (todo tipo de gente, desde estudiantes que hablan tamil hasta niños de habla inglesa).

Una de ellas se llama «bouba». La otra es «kiki». ¿Cuál es cuál? La mayoría de la gente sabe al instante que la picuda es «kiki» y que la redondeada es «bouba». Hasta los bebés que están aprendiendo a andar lo captan. Porque el lenguaje, aunque es un constructo, procede de algo que albergamos en lo más profundo de nuestro ser. Es arbitrario, pero emana de algo real; los nombres son arbitrarios, los números son arbitrarios, pero la vida también lo es. Y la vida es lo que hacemos de ella.

Este libro versa sobre qué hacemos con la vida. Sobre cómo recorremos el trayecto que empieza el día que nacemos y termina el día en que morimos. Sobre los caminos que elegimos y los obstáculos que nos encontramos. Sobre la suerte que se nos concede, las oraciones que son respondidas y las que no lo son. Versa sobre la historia de nuestra vida.

Quizá no elijamos los caminos que recorremos.

Pero siempre podemos elegir cómo transitarlos.

El número de tu camino de vida

Hay montones de formas de calcular los números que significan algo para ti. Esto se debe a que existen cientos de números que tienen una importancia en tu vida, desde la hora en que naciste hasta tu código postal o tu número de teléfono, y miles de formas de interpretarlos. Algunas versiones de la numerología utilizan también diferentes sistemas para traducir palabras, como tu nombre, a números. (Este libro, al ser solo una introducción a esta práctica, no puede abarcar todas ellas).

Sin embargo, en la mayoría de las tradiciones occidentales de numerología, el número más crucial es el del camino de vida. Es «tu» número, igual que es tuyo tu signo del zodíaco.

Hay nueve caminos de vida, uno para cada dígito.

Cada uno presenta sus propios desafíos y sus propias recompensas.

Calcula el número de tu camino de vida

Hay muchos cálculos distintos posibles, ya sea sumar las vocales o consonantes de tu nombre, o los dígitos del día en que naciste, del año o ambos. En todos los casos, la cuestión es simplificar el resultado hasta llegar a una sola cifra, un exclusivo camino que recorrer. Una singular forma de pensar y una única guía que adoptar. Esta es solo una forma de verlo, recuerda: solo un número.

En este libro de introducción, nos vamos a centrar sobre todo en el número del camino de vida, la versión destilada de tu cumpleaños. Sumamos el día, el número del mes y el año en que naciste.

Es muy sencillo…, aunque tiene un truco. Sumamos cada uno de esos números por separado, por lo que, si naciste en un día con dos dígitos, los sumarás antes de añadir el mes. Si, por ejemplo, naciste el día 17, eso supone $1 + 7$, que da 8.

Lo mismo sucede con el mes si naciste en octubre, noviembre o diciembre. El décimo mes se convierte en 1 + 0, que da 1. El undécimo pasa a ser 1 + 1, que da 2. El duodécimo se transforma en 1 + 2, que da 3.

Esto tiene relevancia sobre todo al sumar el año. Evidentemente, los años tienen cuatro dígitos, y es crucial sumarlos por separado antes de añadirlos al número principal. La trampa es que probablemente obtengas una respuesta de dos dígitos. Pongamos que naciste en 1989. Sumas 1 + 9 + 8 + 9 y acabas con 27: [2 + 7] = 9.

Imaginemos, por tanto, que naciste el 17 de octubre de 1989. Eso supondría sumar 8 (del 1 + 7) más 1 (del 1 + 0 de octubre) más 9 (de 1989).

Eso da 18, así que cuando sumamos esos dos dígitos, obtenemos un número de camino de vida de 9.

Martha, por ejemplo, nació el 7 de agosto de 1990. Veamos:

[7] + [8] + [1 + 9 + 9 + 0]
[7] + [8] + [19]

[7] + [8] + [1 + 9]
[7] + [8] + [10]
[7] + [8] +[1] = 16
1 + 6 = 7

El camino de vida de Martha es el número 7: *El Buscador.*

Edwin nació el 16 de noviembre de 1977, o sea:

[1 + 6] + [1 + 1] + [1 + 9 + 7 + 7]
7 + 2 + [24]
7 + 2 + [2 + 4]
7 + 2 + 6 = 15
1 + 5 = 6

El camino de vida de Edwin es el número 6: *La Diosa Doméstica.*

Nueve caminos, nueve figuras para guiarte

Si ya has estudiado numerología con anterioridad, proba-blemente habrás observado una pequeña diferencia en el método anterior: los nombres de esos caminos de vida. Existen muchísimos, pero en este libro le hemos dado a cada uno el de un arquetipo: una guía o un amigo.

Nueve caminos, nueve tipos de historias: nueve figu-ras para conducirte y guiarte en la vida. Están extraídos de muchas fuentes: el análisis de los sueños jungiano; las tradiciones mitológicas y las espirituales; los dioses, diosas y relatos más antiguos que la memoria puede abarcar. Y esto se debe a que todo está conectado: la secuencia de Fibonacci (véase página 10) nos enseña que hay patrones en todo y que observar algo de manera aislada resulta siempre estúpido.

Para ello, la baraja del tarot, en la que cada número se corresponde con una carta de los Arcanos Mayores, nos presta su belleza. La astrología nos cede la sabiduría del universo. Y, por supuesto, cuando invocas a las estrellas, estás invocando también a todo un panteón de dioses y diosas de conocimiento ancestral y fuerza secreta.

Resulta difícil hacer las cosas uno solo, y sorpren-dentemente fácil, sobre todo en estos tiempos, sentirse un poco perdido. Las vidas son viajes, y todos son diferentes. Sin embargo, si miramos atentamente, hay patrones en todo lo que nos rodea y nos sucede. Nada nuevo bajo el sol: siempre ha habido alguien que ha estado ahí antes que tú. Alguien ha luchado como luchamos nosotros, ha sufrido como sufrimos nosotros. Nunca estamos realmente solos en nuestro viaje. Lo que espero es que estos nueve arquetipos, sea cual sea el que te corresponde, puedan caminar a tu lado. Te conducirán por una meditación semiguiada, una serie de pensamientos, ideas e incluso ejercicios que te acercarán a tu pleno potencial.

No puedo decirte quién eres; ni qué decisiones vas a tomar. No puedo hacer que hagas algo que no quieras hacer. Tienes libre albedrío. Sin embargo, sí puedo indicarte aquello que me parece probable que te vaya a suceder; y puedo (¡espero!) ayudarte a averiguar cómo superarlo. Si veo que hay un río, quizá podrías construir un puente en ese lugar. Hay un volcán a punto de entrar en erupción justo por donde deseas caminar, pero a lo mejor podríamos dar un rodeo. Y aquí hay monstruos; pero también una espada y un escudo (o, para los pacifistas, algunas golosinas para apaciguar a las fieras).

Las próximas páginas no son instrucciones, sino mapas, y constituyen una guía con la que caminar. Consulta la sección que más necesites y encontrarás (espero) algunos pasos que seguir y una mano a la que aferrarte.

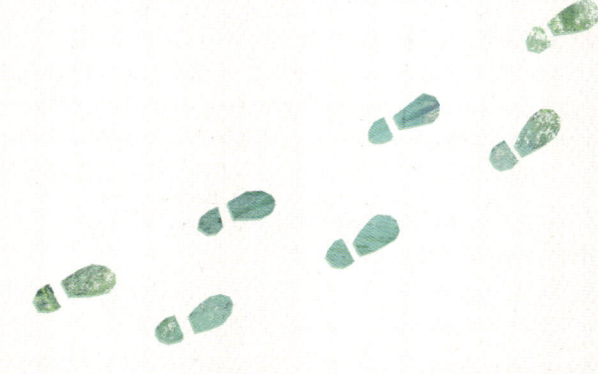

Camino de vida uno:
El Mago

1

Hola, ¿qué tal, amigo?

Este es el principio.

Todo empieza en algún punto, y tú, Número Uno, eres de donde todo proviene. Sin el primero, no puede haber ningún otro; sin el uno, no puede existir ni el dos ni el tres. El uno hace todo posible.

Imagina un escenario oscuro. Pesados y polvorientos cortinajes de terciopelo rojo. Una audiencia expectante. Un único foco. Y ahí, bajo su luz, estás tú.

En una mano, tu chistera. En la otra, el mazo de cartas. El susurro de la gente que no sabe qué vas a hacer. Porque puedes hacer lo que quieras. Puede aparecer un conejo de tu chistera, pero ¿y si no fuese un conejo? Podrías hacer que sucediera lo que se te antoje. Estás en el centro del escenario y no has hecho nada todavía. Todo consiste en lo que está a punto de suceder, lo que va a ser el momento siguiente, la anticipación, coger aire. Bajo el foco único, el mago inspira. El mundo está suspendido, observando la luz. Entonces él abre la boca, y habla…

Espera un momento. Ese eres tú, Número Uno. Posees ese escenario, y a todos los que observan. El momento te pertenece… Pero, admítelo, te sientes frustrado por la escena tan lenta que acabo de hilar, porque quieres saber qué sucede a continuación. Te gustaría saltarte toda la anticipación y llegar al meollo; mantenerte en marcha, hacer que las cosas pasen, observa su desarrollo y estar allí en ese momento. Creo que estás pensando en el siguiente golpe, en la próxima acción con la que vas a sorprender, en el argumento que estás a punto de exponer. Lo que va a hacer arder el mundo.

Y es que sabemos que eres puro fuego ⋆*insertar emoji de llama*⋆ hecho carne. Y por supuesto que lo eres; eres todo el fuego. Eres tanto la chispa diminuta como el inmenso sol. Eres Leo, Apolo, Helios y Zeus. Eres la bombilla que se enciende; la acción de un interruptor y el destello de una cerilla. Eres luminoso, eres brillante. Eres un rey.

Entonces, ¿qué hay de este momento? ¿De este instante detenido antes de que todo empiece?

Tú eres el momento; y eres el comienzo. Por tanto, si estás en este punto, esta es tu primera tarea: encuentra el momento. Te prometo que merece la pena probar.

Por si las necesitas, a continuación te muestro las indicaciones de un ejercicio que puede ayudarte con esta posesión consciente del momento. Sé que estás buscando algo que hacer, algo real, algo que se traduzca como impulso, maestría y éxito. Las directrices están ahí si las necesitas. Ahora bien, ¿por qué no haces la prueba primero a tu manera? Te aseguro (aunque tú no necesitas aseveraciones) que sabes cómo hacerlo. Sabes perfectamente todo lo que necesitas saber. Puedes encontrar este momento de quietud; está dentro de ti. Hay tiempo para hacer una pausa en tu vida tan ajetreada.

El ejercicio de los cinco sentidos

Cuando queremos sentirnos enraizados en el momento, necesitamos tener conciencia de las sensaciones de lugar, espacio y tiempo. Este ejercicio se puede hacer en cualquier parte y solo lleva unos minutos. Está centrado en la atención, en el uso de nuestros sentidos y del hilo de la respiración para que nos muevan tanto hacia nosotros mismos como hacia el lugar en el que nos encontramos en este momento.

Para empezar, siéntate cómodamente, quizá con las piernas cruzadas, y comienza a percibir la respiración. No la cambies, limítate a observarla. ¿Es profunda? ¿Es superficial? ¿Es irregular? Intenta analizarla sin hacerla más profunda… ¡ya sé que es difícil! Resulta complicado no intentar «mejorar» lo que consideramos nuestros fallos. Obsérvala durante al menos treinta segundos. ¿Cambia? ¿Es la inhalación igual de larga que la exhalación? ¿Más corta? ¿Más prolongada? Mantén tu atención en la respiración todo el tiempo

que puedas y, cuando te sientas preparado, des-
víala hacia tu entorno y empieza el ejercicio.
Busca:

Cinco cosas que puedas ver.
Cuatro cosas que puedas oír.
Tres cosas que puedas sentir.
Dos cosas que puedas oler.
Una cosa que puedas degustar.
Y respira. Y respira. Y respira.

Un momento para hacer una pausa

Encuentra el momento —ahora, con el libro entre tus manos— en el que estás en este instante. Porque es tu momento.

Acepta, aquí y ahora, al principio del principio: para ti, solo existe el presente.

Párate durante un segundo. Justo aquí, párate. Inspira; exhala dejando salir el aire fresco de tu boca, tu garganta y tus pulmones. Siente la respiración, y haz una pausa.

Es difícil. Siempre es complicado parar; no dentro de un minuto ni de una hora, sino ya. Siempre hay algo que podrías estar haciendo, una solución en la que podrías estar pensando, un trabajo en el que podrías estar esforzándote, un proyecto que podrías estar convirtiendo en realidad. Siempre hay algo que te necesita más que este momento y es difícil pretender que posees tiempo suficiente para hacer una pausa.

Y quizá no estés acostumbrado a que las cosas te resulten difíciles; o quizá sencillamente no estás habituado a que se te permita admitirlo. Si te identificas con ello, no luches y acéptalo.

¿Qué hay en el hecho de que te haga sentir incómodo admitir que algo te está costando? ¿Qué es lo que sientes hacia la gente que necesita ayuda? ¿Te parece que necesitar ayuda es una señal de debilidad? ¿Te asusta la debilidad? No luches tampoco contra eso y acéptalo.

El problema de tener tanta energía como tú es que puede resultarte difícil ser paciente con quienes no son capaces de seguir tu ritmo. Puede que no lo demuestres, pero te resulta terriblemente frustrante cuando estás intentando hacer realidad algo y los demás no pueden ver lo que tú ves. Quizá entorpezcan el hecho mismo de articular tu visión... Aunque sabes que está ahí. Tienes unos estándares altos y convicciones fuertes. Sabes lo que quieres y estás muy seguro de saber adónde vas. ¿Necesitas esta guía? ¿Necesitas seguir a alguien? Eres un líder, no un seguidor... y sin embargo, Número Uno, algo te ha traído hasta aquí. Hay algo en ti que sabe que estás un poco perdido, aunque quizá ni siquiera sepas cuándo te perdiste... cuando estás un poco perdido, ha llegado el momento de hacer una pausa.

Entonces, ¿qué es lo que te está deteniendo, Número Uno? ¿Qué te está impidiendo seguir tu camino? Eres chispeante. También eres ambicioso; quieres hacer realidad las cosas. Quieres forzar las ideas y proyectos para hacerlos reales. ¿Qué es lo que te ha traído aquí?

Sabes, aunque solo sea en algún profundo lugar de tu ser, que eres un poquito más especial de lo que la gente podría creer. Eres consciente de que eres algo más. Sabes lo bueno que eres…, ¿no es cierto?

Y quizá este sea tu segundo obstáculo. Bueno, no es un obstáculo, sino una misión, un desafío. ¿Sabes lo genial que eres?

Acepta esa pausa que acabamos de hacer y coge una hoja de papel. Quiero que escribas todos y cada uno de tus puntos fuertes. Todo aquello que aportas a un equipo, todo lo que pones sobre la mesa. No seas tímido, ambos sabemos que la timidez es estúpida cuando solo estás tú, el papel y esta página. Si llevas mucho tiempo reprimiendo este tipo de sentimiento, quizá te cueste…, pero aparta esa sensación. Sabes que no eres así. Sabes que eres más que eso, que eres carismático, independiente, motivado, valiente, generoso, empático… Tienes una visión de lo que quieres en la vida y, además, tienes todo lo que necesitas para conseguirlo. El sol es el principio, y es una estrella, y todo ser vivo que ha poblado la Tierra es polvo de estrellas traído a la vida por la chispa del sol.

Tienes una energía poderosa, Número Uno, y tu tarea consiste en averiguar cuál es. Puedes hacer algo mágico para la gente que te rodea… y también para ti. Esta es tu misión, Mago. Tu misión para toda tu vida. Un viaje que empieza hoy.

Necesitas reconocer tu poder pleno e intenso, y utilizarlo.

Camino de vida dos:
El Soñador

2

Todo gran sueño empieza con un soñador…

La luna tiene muchas fases, y también muchas caras… y sé que tú, Soñador, también.

Tu carta del tarot es la Suma Sacerdotisa; tus signos estelares son Géminis, los gemelos, y Virgo, la doncella; y Vulcano, el dios del fuego y de la fragua, te acompaña en la oscura noche. Jano, el dios con dos caras, vigila tu futuro y tu pasado, y lo ve todo. Y luego Selene y Hécate, Artemisa y Luna, Juno y Hera; estas son las diosas, en todos sus aspectos, que pertenecen a la luna de una forma u otra. Ahora bien, ¿quién no pertenece a ella?

La luna influye en la marea. Y hay una marea en todo (no solo en «los asuntos de los hombres», como dijo Shakespeare, y no solo en el mar), en un sentido muy real y físico. Estamos hechos fundamentalmente de agua, de forma literal. De agua salada. Cada uno de nosotros lleva consigo un gran acuario de sales y fluidos, océanos per-

fectos calibrados para transportar todo lo que somos, y todo lo que podemos ser. Y estos océanos minúsculos e individuales también sienten el influjo de la luna.

Es un hecho reconocido que las unidades de urgencias de los hospitales están más ocupadas y son más caóticas los días de luna llena. La policía, de forma empírica, también reconoce su efecto… y cualquier mujer que haya tenido un periodo menstrual conoce el tirón hormonal que provocan sus ciclos crecientes y menguantes.

La luna tira de las mareas y lo cambia todo, incluso a sí misma, que está constantemente mutando. Pero sus cambios tienen un ritmo; poseen un ciclo y un patrón que podemos observar.

Este es el camino de vida del Soñador. El sendero está conformado por nuestro subconsciente creativo, y quizá a veces nos sentimos fuera de control, como si no entendiéramos plenamente las decisiones que estamos tomando ni los cambios que se están produciendo. El Soñador duerme, pero el sueño se desarrolla. ¿Tenemos el control en nuestras manos o es otro el que está tirando de nosotros? ¿Hay algo que nos esté empujando? ¿Cómo podemos entendernos mejor a nosotros mismos para sentir que tenemos el mando?

Diario de sueños

Quizá tengas ideas preconcebidas acerca del concepto «diario de sueños», pero no te vayas. Te prometo que tiene un valor tanto espiritual como práctico. Para entender nuestro subconsciente creativo, tenemos que conocerlo; tenemos que entendernos a nosotros mismos.

Verás: según la teoría jungiana, representamos cada uno de los personajes de nuestros sueños. Todo aquel que ves mientras estás dormido es tu propia impresión de esa persona; no es tu madre, por ejemplo, sino todas tus ideas acerca de ella reunidas en una sola a la que tú das voz, como hace un actor con una marioneta. Cuando soñamos con una persona, el sueño no nos dice lo que esa persona es realmente, pero puede indicarnos más acerca de lo que pensamos de ella. Y lo mismo sucede, por supuesto, con los lugares, las personas, los objetos y las acciones. Observar nuestros sueños (y reflexionar sobre ellos) puede indicarnos qué nos está preocupando y

nos permite ver el interior de nuestra mente más profunda y secreta.

Por tanto, cojamos un cuaderno y un bolígrafo. Esa es la primera parte del ejercicio.

Colócalos junto a tu cama. Esa es la segunda parte.

Ya imaginas la tercera, ¿verdad? Por desgracia, este no es uno de esos ejercicios que haces una vez y pasas a lo siguiente. Es un trabajo para toda la vida. Es como averiguar tu camino vital. Cada mañana, nada más despertarte, quiero que respires hondo, cojas el bolígrafo y el cuaderno y, al exhalar, anotes lo que recuerdes de lo que hayas soñado.

Y ahora viene la trampa: quiero que lo hagas solo con tres palabras. Quiero que respires y que escribas solo tres palabras.

Por supuesto, escribir un diario más largo produce un montón de beneficios, pero en este estamos intentando hacer algo un poco distinto. Lo que buscamos es constancia, que sea fácil, que sea fiable. La idea es que puedas hacerlo todos los días, de una forma que te resulte lógica, aunque tengas otras exigencias de tiempo.

Antes de hacer nada más, ponte en comunicación con tu propia mente. Comunícate con tu yo profundo y escucha lo que tiene que decirte. Dedícate un tiempo a ti. Dedícale un tiempo a la luna.

Poco a poco irás creando un banco de imágenes y motivos que han estado preocupando a tu mente. Empezarás a ver patrones. A detectar ciclos… y, cuando lo hagas, podrás entender mejor cómo asumirlos, o cómo romperlos. Verás cómo cambian y quizá incluso aprenderás a moverte mejor con ellos: es tu marea, la luna que tira de tus sueños.

Encuentra tu poder y tu fuerza

Soñador, eres más sensible al daño de lo que quizá otros crean, tanto si lo expresas como si no. Percibes las cosas de un modo profundo y privado. ¿Consigues así evitar enfrentarte a ello? ¿Te asusta? Piensa ahora, quizá, en tu propio poder.

La luna es poderosa. Hera fue la esposa de Zeus, y Artemisa, la hermana gemela de Apolo. Tu camino de vida está marcado por un poder igual al del Mago; sin embargo, es un poder diferente, más sutil. El poder de una luz en la oscuridad. El poder del tirón de las olas; el poder de una enfermera en el turno de noche; de la doncella, la madre y la mujer sabia.

Eso no significa que el camino del Soñador sea solo para mujeres, al igual que el camino del Mago lo puede recorrer una persona perteneciente a cualquier género. Ahora bien, tenemos que dejar las cosas claras: este camino tiene una feminidad potente, una energía que levanta y eleva la experiencia femenina en todas las formas variables y cambiantes. Hay suavidad, pero también hay fuerza; en este paisaje onírico teñido por la luna existe una determinada tendencia indefinible y tierna de mujer que no podemos ignorar.

Vamos a detenernos unos momentos para preguntarnos: ¿qué significa esto para ti? ¿Cómo lo asumes? ¿Podría esto ser, por sí mismo, una parte de tu desafío? Vamos a quedarnos con esto unos instantes: ¿qué aspecto tiene la feminidad en tu vida? ¿Y en tu mente? ¿Cómo podríamos hacer que ese conocimiento fuera más rico, más amplio, más fuerte?

Tenemos la suerte de no vivir en una época en la que nuestra vida esté circunscrita por el hecho de nuestra feminidad; tenemos la suerte, la mayoría de nosotros, de vivir en un tiempo y un lugar en el que el género no es el factor primordial de nuestra ambición y del alcance de nuestra vida. Sin embargo, también es cierto que no podemos escapar de él. Al igual que los números y el lenguaje, es un constructo…, pero, también al igual que ellos, tiene raíces muy profundas. El género tira de nosotros como la corriente de un río; por mucho que lo intentemos, no podemos evitarlo, y eso significa que llevamos con nosotros tanto las consecuencias como las connotaciones de aquello con lo que hemos nacido, y de lo que somos ahora. Utiliza este momento para preguntarte a ti mismo: ¿qué sentimientos me despierta mi feminidad? ¿Qué sentimientos me despierta la idea de aceptarla como parte de mí? ¿Qué sentimientos me despierta la idea de asumirla? Esto se duplica si has llegado a este camino de vida desde un esquema tradicionalmente masculino: para ti, la cuestión es más urgente y obligatoria.

La forma en la que asumimos la fuerza, la forma en la que asumimos la ternura y la forma en la que asumimos el cambio: estos son los desafíos de tu vida y deberás perfeccionarlos hasta el último de tus días.

Camino de vida tres:
El Cuentacuentos

3

Aquellos que cuentan las historias gobiernan el mundo…

El tres es el hechizo. A la tercera va la vencida. Tres deseos, tres osos, y tres reyes siguiendo una estrella. La sagrada trinidad. Doncella, madre y bruja. Las historias y las frases que las componen se dividen también en tres partes: el inicio, el nudo y el desenlace. Porque el tres, como puedes ver, es el número del Cuentacuentos.

Y ese, Número Tres, eres tú.

No sé cómo se manifiesta esto en tu vida, o si es un don que estás trabajando y desarrollando, pero sí sé que en tu interior hay un narrador. Hay magia en ello: posees un genio creativo y chispeante al que puedes recurrir para que te lleve allí donde deseas ir. La gente te escucha. Te admira, te respeta, porque la persona que controla la narrativa controla también todo lo demás. ¿Cuándo lo aprendiste? ¿Cómo de joven eras cuando te diste cuenta de que, si podías tomar la delantera a lo que los demás estaban pensando (decirlo tú, quizá, o incluso decir algo sobre otra persona), podías evitarte un sufrimiento? ¿Cuánto tiempo llevas intentando contar la historia para que no la cuenten por ti los demás?

Dejémoslo claro, no estás equivocado. No hay nada malo en lo que estás haciendo; y no hay nada malo en ser tú quien lo haga. Porque Mercurio es el planeta que rige la tercera casa astrológica, y es el mensajero de los dioses. Tú también eres un mensajero. Tienes algo que decir, y el trabajo de tu vida va a ser aprender a decirlo.

Es posible que esto te parezca… bastante simple. Como si no fuese un «trabajo de vida». Quizá creas que eres una persona que habla claro, que dice lo que piensa y piensa lo que dice.

Ahora bien, si así fuera, ¿qué te estarías perdiendo? ¿Qué podrías escuchar si dejaras de hablar? Cuentacuentos, una tarea fundamental para ti es aprender a escuchar. Y, además, hacerlo sin juzgar. Cuando conoces a alguien, ¿qué sentirías si lo aceptaras en sus propios términos? ¿Qué sentirías si abrazaras su historia en lugar de la tuya… o incluso si entretejieras ambas? ¿Cómo aumentaría la riqueza de tus historias si incorporaras las historias y las vidas de otros… o si dieras voz a aquellos que se sienten silenciados? En tu búsqueda para contar tu relato, ¿a quién no has escuchado?

Verás, es posible que ya sepas qué historia vas a contar, y quizá estás a punto de abrir la boca y compartirla con el mundo. Puede que ya hayas empezado a tejer este hilo, y quizá ya tengas espectadores que te quieran. Y ya sabemos, Cuentacuentos, que tienes la capacidad de inspirar a la gente, de impulsarla, de hacer que se sienten y escuchen. Creas comunidades. Creas sociedades. Creas espacios con tus historias y la gente te adora por ello. Tradicionalmente, el tres es el número de la amistad (piensa en la carta del tarot del Tres de Copas) y tú eres amado. Tienes capacidad para ser profundamente amado… y además, amado por ti mismo. Es raro que nos quieran por lo que realmente somos, y tu mente original y hermosa lo merece y lo anhela. Ahora bien, ¿te sientes amado, Cuentacuentos? ¿Amado de verdad?

La cuestión es si, a pesar de tu aspecto brillante, alguna vez te has preguntado si te has perdido algo. No te preocupes, no te alteres. No le voy a contar a nadie tus momentos de quietud, esos parpadeos de miedo; esos son solo tuyos. El resto del mundo cree que llevar a cabo tu espectáculo te resulta fácil, y no siempre es así. Mantienes estupendamente las apariencias. Nunca te delatas. La culpabilidad, la vergüenza, el estrés..., nada de eso forma parte de la historia.

Deslumbrar a los demás tiene un precio, y tú lo pagas con gusto. Sin embargo, la facilidad con la que abonas el peaje no significa que sea gratuito. Eso es algo que debes tener en cuenta, y deberás hacerlo toda tu vida. ¿Merece la pena entregar tanto por este acto de creatividad? Y no me estoy refiriendo solo a creatividad en un sentido artístico tradicional. Estoy hablando de pensamiento creativo, de hacer las tareas domésticas de una forma creativa, de vivir de una forma creativa. ¿De dónde vas a cobrar? ¿De qué pozo vas a sacar agua para contar esta historia, para vivir esta historia?

Tu carta del tarot es la Emperatriz, la fértil, creativa y hermosa Emperatriz. Si observas esta carta, la número III,

verás campos de trigo dorado, exuberante hierba verde y un arroyo burbujeante y sinuoso. Vives con abundancia, o deberías vivir con ella. ¿La percibes en tu vida? Puede estar en cosas materiales, y también en ideas. Puede incluso albergarse en la gente. Podría encontrarse en tus esperanzas, y en todo lo que esperas tejer para que se hagan realidad. El Cuentacuentos es una especie de madre araña en el centro de una preciosa tela de seda que espera y teje la historia para crear algo que cambie el mundo. Y, al igual que ella, tú nadas en la abundancia, lo sepas o no. Concédete en este instante un poco de espacio para pensar en ella.

Una lista de felicidad

Coge papel y lápiz. Vamos a escribir no solo una historia, sino algo real y tangible que puedas pegar en la pared o en la nevera.

Justo en este momento, haz una lista de todas las cosas que tienes y que hacen que te sientas estupendamente, que te recuerdan que eres afortunado, rico y feliz.

¿Una taza de té por la mañana? ¿Una llamada telefónica a tu mejor amigo? ¿Un baño de burbujas? ¿La idea para una novela que todavía no has empezado? Sigue escribiendo. No pares hasta llenar la página. Escarba y llega hasta lo más profundo.

¿En qué eres más rico? ¿En qué eres más fructífero, más creativo?

Este es el punto en el que empieza tu trabajo, Cuentacuentos. Nadie puede crecer si no está plantado en un terreno fértil, y esta lista será tu guía cuando las cosas se pongan difíciles.

Porque *se van* a poner difíciles. Ni siquiera la magia de la narrativa puede mantener alejado el dolor ni crear un hechizo para que la aflicción retroceda; estas cosas te llegarán, como nos llegan a todos. Por tanto, Cuentacuentos, he aquí algunas preguntas para ti: ¿cómo te gustaría contar una historia en la que tú no quedaras por encima? ¿Cómo contarías una historia si no fueras capaz de encontrar las palabras? ¿Dónde podrías encontrarlas? ¿Dónde podrías obtener fuerza? ¿Qué tipo de historias podrías narrar sin hablar? ¿Qué tipo de historias puedes contar en las que el final esté ya escrito? ¿En las que tú seas el perdedor? ¿En las que seas el villano? Es bueno reflexionar ahora sobre estas preguntas para que, cuando todas estas cosas sucedan, sigas siendo la mejor persona que sabes que puedes ser… y que tu historia siga siendo tuya. Eres mágico, Cuentacuentos. Eres el director del espectáculo.

Ahora bien, no olvides que también eres una persona con necesidades, aspiraciones y deseos; con fallos, problemas y amor. No eres solo el narrador ni tampoco exclusivamente un personaje. Porque la vida no siempre tiene forma de historia. Rompes cosas. Pierdes cosas. Embelleces otras. Tú le das forma a tu vida, la haces y trabajas en ella.

¿Cómo sería la verdad si la contaras? ¿Sería algo así —*podría* ser algo así— como exhalar?

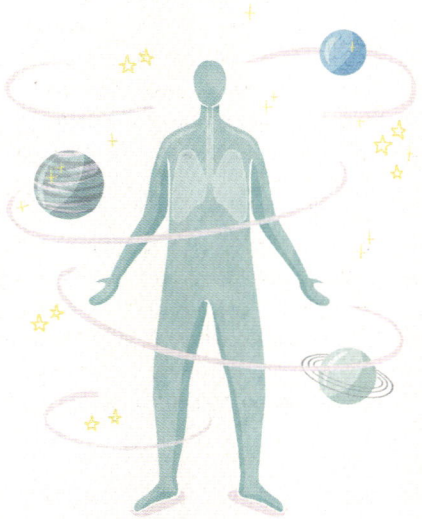

Camino de vida cuatro:
El Maestro

4

La más grande y gloriosa obra maestra de la humanidad es saber cómo vivir con un propósito…

¿Qué significa para ti la expresión «obra maestra»?

En la actualidad la usamos para definir un trabajo sin tacha, aquel que solo los artistas más dotados y especiales pueden hacer una vez en su vida. Algo sobresaliente, que está fuera del alcance de casi todo el mundo. Una idea, en esencia, que casi nadie podrá hacer realidad.

Sin embargo, en otros tiempos solía significar algo sutil y profundamente distinto.

En los talleres de la antigua Europa, hace cientos de años, la obra maestra no era una idea, sino un objeto.

Una serie de objetos, de hecho, uno para cada maestro de cada arte.

Porque el maestro de un arte era, pura y simplemente, una persona que había creado una obra maestra y que, al producirla, había pasado de aprendiz a miembro permanente del gremio.

Un aprendiz era una persona joven que aprendía de los grandes, asimilando los secretos de un arte. Un joven con un sueño de hacer algo, no solo para él, sino para el mundo. Aprendía a crear cosas hermosas y a ser reconocido por ello, y la primera pieza que realmente tenía importancia era la obra maestra. Era una especie de regalo al gremio, a los grandes que trabajaron antes que él y a los humildes que le sucederían. En los talleres de los artistas y los orfebres, de los talabarteros y los cuchilleros, de los que fabricaban algodón de azúcar; en todos los lugares en los que había actividad y se producían bienes podías encontrar aprendices esforzándose por ser todo lo buenos que podían.

¿Y qué pasaba cuando la obra maestra ya estaba hecha? Eso no marcaba el final del trabajo, sino el principio.

Siempre me ha gustado mirar el mundo de esta manera, por lo que nos cuenta acerca de la verdadera naturaleza del éxito: ser reconocido por nuestros iguales, sentirse inspirado e inspirar, esforzarse hacia arriba y hacia delante, y hacia algo mayor, mejor y más bello. Creo que tú también lo vas a hacer, Número Cuatro. Tu carta del tarot es el Emperador: energía grande y masculina con un entusiasmo y un afán de trabajo y crecimiento que avergüenza a los demás (y efectivamente lo hace, pero ya llegaremos a eso). ¿Te identificas con esto? Quizá sí…, pero quizá no.

Piensa en la historia del aprendiz y en cómo la obra maestra significaba solo el principio de más trabajo, estudio y cuidado. Era, en algunos sentidos, una señal del camino de su búsqueda, y es muy posible que eso llegue hasta lo más hondo de tu ser. ¿Eres capaz de darte cuenta de que has conseguido aquello por lo que estabas trabajando? ¿O te limitas a pasar corriendo a lo siguiente? ¿Te

paras a oler las rosas del jardín que has plantado o empiezas a pensar en cómo deberías pintar las vallas y barrer el patio?

Tengo una amiga que, todos los años, en lugar de hacer una lista de propósitos de Año Nuevo, redacta una lista de logros del Año Viejo. Le ayuda a sentirse enraizada y segura. Número Cuatro, creo que necesitas enraizarte y confiar en conseguir todo lo que debes conseguir. Creo que necesitas hacer recuento de todo lo que atesoras.

Diario de autoestima

Vamos a hacer una lista de tus logros, de todo lo que tienes y de todo lo que has conseguido hasta ahora. ¿Te parece imposible? Acostúmbrate. Eres el Maestro, y tu vida consiste en hacer que lo imposible parezca no solo posible, sino fácil. Con trabajo, disciplina rigurosa y un amor verdadero por lo que haces, conviertes el caos en algo ordenado. Y no solo ordenado, sino hermoso.

Y esa belleza, Maestro, empieza en ti. Necesitas reconocer todo lo que has hecho y que te ha traído hasta este punto, cada éxito, cada hito del camino. Cada obra maestra. No voy a darte indicaciones para crear tu lista de logros, aunque te animo a que la hagas de verdad, en las primeras páginas de un cuaderno nuevo. Porque, a partir de ahora, quiero que hagas un seguimiento en ese cuaderno al comienzo de cada día.

Quiero que todos los días anotes algo para cada una de estas siete categorías:

Algo que has hecho por tu salud física.
Algo que has hecho por tu salud mental.
Algo que has hecho por otra persona.
Algo que te ha hecho feliz.
Algo que has conseguido.
Algo que esperas conseguir mañana.

Quiero que te des cuenta de tus logros. Mi objetivo es que reconozcas lo duro que trabajas y los resultados que consigues gracias a ello. Eres el jefe, una fuerza poderosa, creativa y disciplinada para el bien del mundo. Y mereces sentirlo así.

Frena un minuto, Número Cuatro. Tu marcha hacia el éxito es brillante, pero también puede ser brutal. Avanzas y avanzas, pero aquí, con este libro entre las manos, puedes pararte un momento (y creo que realmente lo necesitas) para respirar.

Concédete espacio para pensar en lo que has hecho. La cuestión es que, de ese modo, concedes espacio a otras personas para que lo vean también. Ellas necesitan espacio y también tiempo. Tú amas lo que haces, y quieres que también lo amen los demás. De hecho, no consigues entender por qué alguien hace algo que no ama… ni por qué no es capaz de obligarse a amarlo. Cuando tienes una tarea que cumplir, sencillamente… te pones con ella. ¿Por qué no pueden otros hacer lo mismo? No te gustan las quejas ni tampoco las tonterías. Ni las excusas. Cuando la gente no sabe lo que está haciendo, sientes que no hay seguridad.

La incertidumbre te provoca la sensación de que existen riesgos innecesarios. Las profundidades de tus cimientos son inamovibles,

pero no te gusta la incompetencia ni la vacilación. Tu fe en ti lo es todo, y está justificada. Eres tu mejor versión, y exiges esos mismos estándares exactos y rígidos a los demás.

Estás enraizado, estable y seguro… y en ocasiones merecería la pena que recordaras que no es culpa de los demás si no se sienten tan seguros como tú. ¿Te ayudaría verlos como aprendices? Están aprendiendo gracias a ti.

Conoces las reglas con las que se supone que todos deberíamos jugar. De hecho, probablemente ayudaste a escribirlas. Concede espacio a los demás, oriéntalos. Tu desafío consiste en aprender a dirigir, a ser un líder, un emperador. En las estrellas está escrito que eres un rey. Esto es parte de tu propósito aquí en la tierra, y el trabajo de la vida de cada uno consiste en conocer cuál es su propósito y llevarlo a la práctica.

Si quieres ser un maestro (y sé que es así), tienes que empezar a tender la mano a los que vienen detrás de ti.

Debes aprender a enseñar a otros menos capaces, menos inteligentes, menos prácticos que tú. Necesitas tener paciencia.

Paciencia y ternura. No menosprecies estas virtudes. No ignores su mensaje. Las vas a necesitar, con independencia de tu trabajo, con independencia de tu éxito.

Esto es lo que dice el universo: tu planeta regente, Urano, no solo es uno de los abanderados de la revolución, sino también de la renovación. Necesitas hacer tiempo para renovar, y para eso necesitas amor. Necesitas amabilidad. Necesitas tiempo y ternura.

Haz tiempo para la ternura, Número Cuatro. Tú no eres tu trabajo. De hecho, no eres una sola cosa. Eres todo lo que crees que eres, y más. Mucho más. Permítete serlo.

Camino de vida cinco:
El Espíritu Libre

5

Un espíritu libre se toma libertades incluso con la propia libertad…

Aquí tienes un espacio para fantasear cuando las cosas se ponen difíciles: imagina una catarata inmensa, retumbante y poderosa que cae como un trueno en un estanque helado e insondable y luego serpentea hasta la siguiente caída, dando vueltas y vueltas, un giro aquí, un remolino allí. Las montañas que la rodean se elevan majestuosas y el cielo es infinito. Puede que haya estrellas. Quizá una puesta de sol. O un amanecer. Y tú, de pie sobre el precipicio de la catarata, te zambulles desnudo y de cabeza en las destellantes profundidades. Y emerges sonriendo.

Y ves, Espíritu Libre, adónde te lleva el río.

Este es tu lugar: la libertad suprema, la independencia de todo y un control flexible y poderoso de tu propio cuerpo. Esto es lo que anhelas. Esto es lo que necesitas, que la vida sea una aventura. Y, cuando te sientes atrapado, te notas… en cierta medida… perdido. Aquí, en el corazón de la selva, sabes exactamente quién eres. Quiero que imagines en este momento ese lugar feliz. Embellécelo. Modifícalo. Pero la catarata, y el río antes y después de ella, debes mantenerlos.

Ese río es la vida, Espíritu Libre, siempre hacia delante y siempre cambiando. Las cascadas, las vueltas, los torbellinos y los giros son todo aquello que la vida nos lanza. Pero ya lo sabías. Sabes del cambio y de su inevitabilidad. Sabes cómo la vida puede sorprenderte y que siempre lo hace. ¿Te asusta? Por supuesto. Pero también es emocionante. Y aprender a equilibrar esto, el temor y la alegría, es tu trabajo de vida. Tu camino no es fácil, Espíritu Libre. Es el camino del cambio. Por supuesto, todos conducen de un modo u otro a él, pero ¿y tú? Tú, por encima de todo, tienes que aceptar este cambio. No debes luchar contra él. Tienes que asumirlo. Tienes que aprender a amarlo. Este es el reto principal de tu camino, y no te va a resultar sencillo.

Es muy fácil quedarse atascado en la vida, muchas veces sin siquiera pensar sobre ello. Seguimos viejos canales

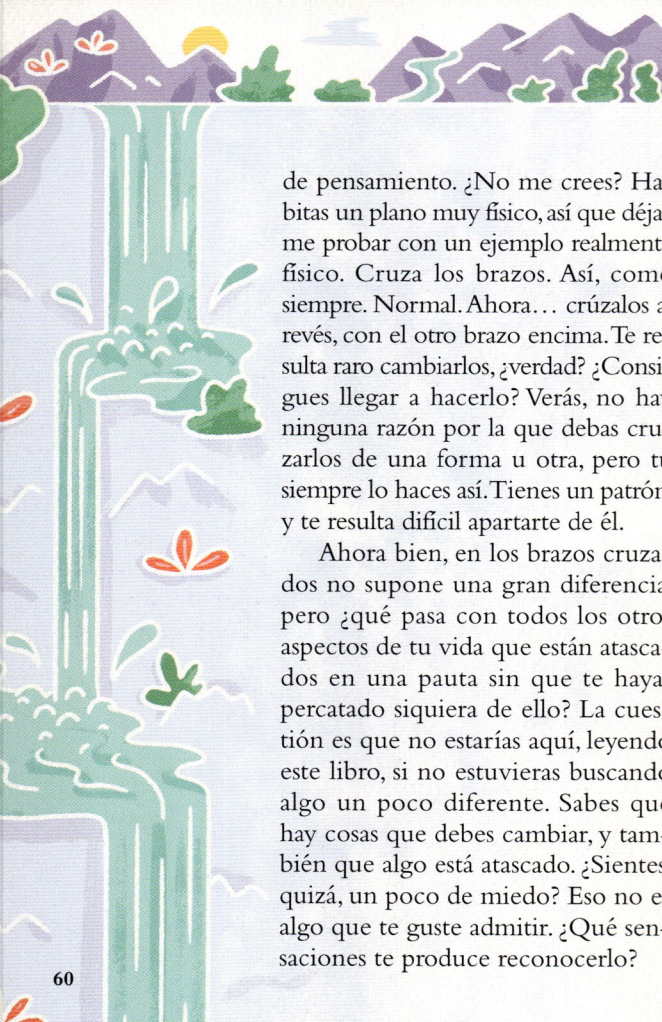

de pensamiento. ¿No me crees? Habitas un plano muy físico, así que déjame probar con un ejemplo realmente físico. Cruza los brazos. Así, como siempre. Normal. Ahora… crúzalos al revés, con el otro brazo encima. Te resulta raro cambiarlos, ¿verdad? ¿Consigues llegar a hacerlo? Verás, no hay ninguna razón por la que debas cruzarlos de una forma u otra, pero tú siempre lo haces así. Tienes un patrón, y te resulta difícil apartarte de él.

Ahora bien, en los brazos cruzados no supone una gran diferencia, pero ¿qué pasa con todos los otros aspectos de tu vida que están atascados en una pauta sin que te hayas percatado siquiera de ello? La cuestión es que no estarías aquí, leyendo este libro, si no estuvieras buscando algo un poco diferente. Sabes que hay cosas que debes cambiar, y también que algo está atascado. ¿Sientes, quizá, un poco de miedo? Eso no es algo que te guste admitir. ¿Qué sensaciones te produce reconocerlo?

Acepta el terror. Acepta el cambio. Acepta el poder

Aquí tienes una idea: quiero que hoy hagas algo que te asuste, sea pequeño o grande. Una cosa que te dé miedo.

No voy a darte ningún ejemplo de lo que cuenta como grande o como pequeño. Para cada uno de nosotros es diferente. A mí me resulta fácil hablar delante de trescientos extraños, pero casi imposible abrir una carta del banco. Tú puedes ser brillante en ese tipo de trabajo administrativo, pero quizá te quedas paralizado ante la idea de decirle a alguien lo que realmente sientes. Tu amiga puede ser fabulosa articulando sus emociones, pero tal vez se estresa terriblemente ante la perspectiva de volver a casa en bicicleta en lugar de en autobús.

Esto es en lo que quiero que pienses cuando hagas eso que te asusta:

- ¿Cómo te has sentido antes?

- ¿Cómo te has sentido durante?
- ¿Cómo te has sentido después?

Espíritu Libre, tu vida no tiene por qué estar constreñida por el miedo. Se supone que debe estar repleta de cambio, de exploraciones, de juegos. Utiliza este marco como pie… y repite. Vive más en grande. Vive con más valentía.

La carta del tarot que está asociada a ti es el Hierofante. A diferencia del de otras, el nombre de esta no le dice gran cosa al lector moderno... y muchas de sus lecturas implican una dependencia de estructuras eclesiásticas. A veces se le denomina el Papa o el Sumo Sacerdote y es el homólogo masculino de la Suma Sacerdotisa (véase página 32). Es un maestro espiritual, un hombre cultivado, alguien que respeta a la familia y las instituciones. Y eso... parece justo lo opuesto a tu camino de Espíritu Libre, ¿no es así? ¿Qué es la Iglesia sino una serie de patrones y tradiciones? ¡Precisamente eso que te hace sentirte atrapado! ¿Qué está pasando?

Echemos un vistazo a la imagen de esta carta: ¿qué está haciendo este tipo? ¿Cuál es el sentido de un hierofante, de un papa? Bueno, tiene una misión. Algo que hacer, un propósito profundo, espiritual y práctico en esta tierra. No es solo un directivo, ni tampoco se limita a ser un monje. Es una persona que une lo consciente con lo inconsciente, el sueño con el día. Es aquel que traduce las bellas divagaciones de fe de la humanidad en algo real. Puedes aprender de ello, Espíritu Libre. No tienes por qué vivir una vida prosaica.

El cinco es un número muy espiritual (los cinco pilares del islam, los cinco preceptos del budismo, las cinco vírgenes sabias de la Biblia) y tú eres una persona profundamente espiritual. Sin embargo, también eres el ser sensual que se baña desnudo y tiene cinco dedos en la mano, otros cinco en el pie y cinco sentidos. Eres una persona práctica con gusto por la vida y necesitas un propósito que una ambos aspectos. Necesitas una búsqueda.

Por tanto, vamos a decir que este es tu segundo reto: necesitas encontrar un propósito. ¿Qué te motiva, Espíritu Libre? ¿Qué te espolea? ¿Qué desearías poder decir a otras personas? ¿Qué querrías ser capaz de darles? ¿Cómo compartes tu libertad con otros que también la necesitan? ¿Puedes llegar a conseguir la libertad que necesitas mientras otros siguen trabajando encadenados? ¿Cómo puedes dirigir tu extraordinaria energía y tu capacidad hacia otras personas? ¿Qué acción puedes llevar a cabo que sea de utilidad?

Mira, el Hierofante usa las dos manos; con una señala al cielo y con la otra, a la tierra. Se mantiene entre lo espiritual y lo físico, entre el impulso de salir volando y la profunda necesidad de permanecer en contacto con el suelo. No te irá bien si dejas que una de tus dos mitades gane demasiado terreno, Espíritu Libre. Necesitas permanecer en el aquí y el ahora, pero también cultivar el brillo y la magia espiritual. El Hierofante nos dice que tu última tarea es el equilibrio. ¿Te acuerdas de la catarata? Así es el mundo, siempre cambiante, y tú, en el precipicio, debes guardar un equilibrio perfecto.

El Hierofante

La idea de tener un contratiempo te asusta. Te encanta el control, te entusiasma dominar tu cuerpo y tu destino por encima de cualquier otra cosa. Entonces, ¿cómo puedes encontrar el equilibrio? La catarata avanza rugiendo. El río serpentea siempre hacia adelante. Y tú estás ahí, preparado, listo para coger tu vida con las manos y zambullirte. Tírate y nada hacia el futuro: la corriente, el impulso y el tirón de tu propio yo poderoso trabajan juntos…

Camino de vida seis:
La Diosa Doméstica

6

El hogar es allí donde está el corazón…

Venus y Virgo, Gaia y los Amantes: tuyo, Diosa, es el camino de la empatía y la compasión. Avanzas por el mundo como una fuerza de armonía y estabilidad, de amor, conciencia y paz.

Te pido por favor que no dejes que el término «diosa» te eche para atrás si partes de un lugar más masculino… e intenta que no te importe tampoco la poderosa energía femenina de Virgo, Venus y Gaia. Estas energías se han asociado durante milenios con las mujeres y las niñas. Aunque albergo la esperanza de que por fin estemos superándolo y pasando a una sociedad más iluminada, no podemos escapar de las fuerzas y las ideas que han conformado lo que somos. El camino de vida seis trata esencialmente de crear hogar; no en el sentido de planchar y barrer, sino en el acto creativo y radical de crear una vida que merezca la pena ser vivida. Y no solo eso, sino una vida que valga la pena estemos donde estemos.

El camino de vida de la Diosa Doméstica consiste en aceptar la vida que tienes y construir sobre ella para crear algo hermoso. Es saber que todo el mundo necesita un hogar, un lugar en el que sentirse seguro; y sabiéndolo, tienes en tu mano convertirlo en realidad.

Necesitas quietud, Diosa, pero la de un hogar bien llevado y no la de las profundidades del bosque silvestre. «Dadme una palanca y un lugar estable en el que asentarme —dijo Arquímedes— y moveré el mundo». Tú, Diosa, puedes tanto crear como anhelar ese lugar estable.

El cambio te asusta, te intranquiliza… y cuando estás intranquila, te sientes incómoda, susceptible y triste. Cuando las cosas parecen inciertas, te espantas como un caballo pura sangre. Estás segura de saber exactamente cómo hacer que todo esté bien; y estás segura de que tu camino es el correcto. Das el mejor consejo… o, al menos, crees que lo das. Entonces, ¿por qué la gente no lo sigue? Si todo el mundo hiciera las cosas a tu manera, los mantendrías seguros. Todo sería muy agradable. Sería tan estupendo que hicieran lo que tú quieres y no lo que a ellos se les antoja…

La cuestión es, Diosa, que albergas en tu interior un profundo pozo de creatividad, de ese tipo potente y her-

moso que lleva a la gente a escribir novelas, a bordar tapices y a dirigir películas épicas. Tienes que aprovecharla de algún modo. Afloja, no te vuelvas en contra de las personas que te rodean y luego te preguntes por qué no hacen exactamente lo que tú quieres. ¡Es frustrante para todo el mundo! ¡Tú lo odias, y ellos también! No eres una maniática del control, sencillamente no soportas la idea de que alguien a quien quieres pueda tener menos de lo que merece. Y solo tú puedes dárselo, ¿no es verdad? ¡Solo tú puedes hacer justicia a su historia! Está claro que esto es responsabilidad tuya, ¿verdad? Pues no. Venga, Diosa. Tienes que dejar que la gente viva a su manera.

Por tanto, aquí tienes tu primer reto: necesitas fomentar y encontrar una vía de salida para tu creatividad.

Podría ser empezar a tejer. O cocinar, cuidar del jardín o cualquier otro aspecto de una vida doméstica feliz. Y sin embargo, Diosa, también podría ser algo que se salga totalmente de tu zona de confort. Escribe. Pinta. Apúntate a un coro. Dibuja. Sea lo que fuere, me gustaría que intentaras hacerlo de manera regular. Reserva ese tiempo para ti, para estar en tu propio cuerpo y mente. ¿Cuándo fue la última vez que te concediste un espacio solo para ti?

El ejercicio de los treinta círculos

Este es un excelente punto de partida para obligarte a aceptar y estimular tu creatividad… y para conducirla a una salida más sana. La tarea consta de tres partes.

Para el primer ejercicio, coge una hoja de papel y un bolígrafo. Me gustaría que dibujaras treinta círculos en el papel. Sí, me has oído bien. Treinta círculos. Algunos grandes, otros pequeños. Llena la hoja con tus treinta círculos. Ahora, tu reacción a este reto también será interesante. ¿Te sientes idiota? ¿Cuándo fue la última vez que dibujaste algo? ¿Por qué treinta? ¿Tienes la sensación de estar perdiendo el tiempo? Observa tus sensaciones. ¡Observa también cómo te sientes al comprobar que los círculos no son perfectos! ¿Te planteaste la posibilidad de usar algo redondo como plantilla; una taza, por ejemplo? ¿Has utilizado un compás? La perfeccionista Virgo te está vigilando, y lo capta todo.

¿Listo para la segunda parte? Te va a llevar seis minutos, y necesitarás un temporizador para marcarlos. En estos seis minutos quiero que dibujes algo en cada uno de esos treinta círculos. Ya me has oído: en cada uno de esos treinta círculos quiero que dibujes algo. No, no será perfecto. Sí, algunos estarán mejor que otros. ¡No, no tienes suficiente tiempo! Pero estás dibujando, ¿no es así? ¡Lo estás haciendo! ¡Venga! Observa cómo te sientes. Observa si estás eufórico, asustado, estresado, sintiéndote idiota, feliz o acelerado. Observa qué dibujos te gustan. No me importa que no sepas dibujar. El punto no es ese, sino fomentar una creatividad que procede solo de ti.

Y ahora, la parte difícil. En los próximos treinta días quiero que elijas uno de esos círculos cada día. Quiero que escojas uno y escribas algo acerca de él: lo que dibujaste, lo que podría significar, lo que podría ser. Cómo te sentiste. Cómo te sientes ahora. Qué sensaciones te despierta realizar este ejercicio. Te sugiero que lo hagas por la mañana, en cuanto te sientes a tu mesa, o justo antes de acostarte. Durante estos treinta días establece una pequeña rutina de sentarte con tu creatividad y construir sobre ella. No hace falta que escribas mucho, solo un par de frases. Lo suficiente para encontrar una chispa. Lo suficiente para calentarte o para arrullarte antes de dormir.

¿Cómo te sientes al final de los treinta días? ¿Te ha ayudado esta rutina? ¿Te has sentido más creativo? Si así fuere, vuelve a hacerla. Esta vez puedes variarla: escribe una palabra en cada círculo y utilízala como inspiración para cada día. O también puedes pintar un color diferente en cada círculo para así sugerirte otro dibujo, cada día durante treinta. Sé tu propio guía, tu propio maestro. Siéntate contigo mismo. Ámate.

La cuestión, Diosa, es que en todo tu afán por hacer que el hogar resulte agradable para los demás, ¿cuánto tiempo dedicas a cuidar de ti? Crea un espacio que te pertenezca solo a ti, o correrás el riesgo de enfadarte con los demás porque no te lo creen. Tu carta del tarot es la de los Amantes, y esta es la carta del compromiso, de vidas compartidas, de igualdad, de equilibrio. De vida suave y fácil que tiene en cuenta por igual tanto tus necesidades como las de otra persona. De muchas, quizá, aunque no debes intentar abarcar demasiado. Tus necesidades también son importantes.

Y quizá estemos partiendo de un principio de escasez: ¿cuántas veces te ayuda alguien más? ¿Cuántas veces cubre alguien tus necesidades? Ahora bien, ¿lo pides tú? Haces que parezca tan fácil que quizá los demás se sienten intimidados, o sencillamente no saben qué decir. Vives la vida como la matriarca de la casa, controlando, alabando y juzgando… ¿cómo sería la vida si vieras a los demás como tus iguales? ¿Si vieras los riesgos que corren no como una amenaza para la seguridad de los tuyos sino como un paso adelante del colectivo hacia lo desconocido?

Verás, Diosa, la vida no castiga. Las consecuencias no son lo mismo que los castigos. Empiezas a sentirte libre si quieres hacerlo. Comienzas a trabajar hacia la libertad, a tomar decisiones, a hacer lo que quieres. Y lo mismo hacen los demás.

No necesitas hacer justicia ni camelar con recompensas. No necesitas ser el salvador de nadie. Y nadie tiene que salvarte a ti. No eres responsable del alma de nadie más, solo de la tuya. Tus decisiones son lo único que puedes controlar. Para todo lo demás, para todos los demás, el universo proveerá.

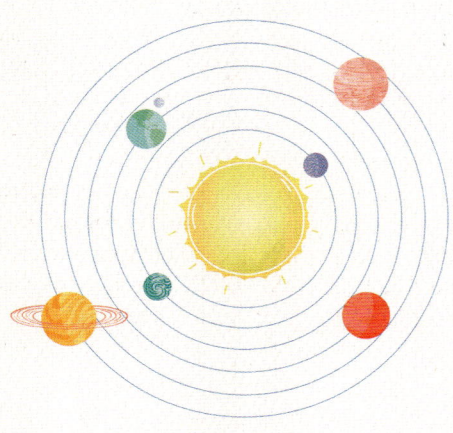

Camino de vida siete:
El Buscador

7

Que la carretera se alce para encontrarse contigo y que el viento esté siempre a tu espalda…

Si te dijera que el siete es un número mágico, ¿pondrías cara de exasperación?

Quizá seas demasiado educado para eso, pero es posible que lo pienses.

El afortunado número siete representa los siete pecados capitales, las siete maravillas y los siete días de la semana; y hay una pequeña parte de tu mente, incluso ahora, mientras lees un libro sobre numerología, que quiere decirme que todo eso no significa nada. Una parte pequeña de tu mente que duda de todo esto o, por el contrario, que quiere creer. El tuyo es un verdadero viaje, Buscador, un periplo para reconciliar tus partes rotas y hacerlas una. Tu carta del tarot es El Carro, y es cierto que tienes que ir lejos. Recorrerás la distancia que hay entre lo que sabes y lo que crees, entre tu cabeza y tu corazón, tu mente consciente y tus vísceras inconscientes. El tuyo es el camino del filósofo, el del solucionador de problemas. Es una senda solitaria, sin duda, pero lo que encontrarás al final merecerá la pena. Porque lo que estás buscando es, ni más ni menos, la verdad.

Quieres conocer la verdad acerca del universo. Quieres grandes respuestas para grandes preguntas, y que tu necesidad de verdad sea respetada. Odias que te traten con condescendencia y que te miren por encima del hombro. De hecho, odias admirar a alguien. Necesitas que todo el mundo te vea y te respete como a un igual. No eres un niño ni deberías ser tratado como tal, con frívolos cuentos de hadas. Necesitas saber la verdad acerca del universo.

Sabes lo que quieres conocer y lo tienes muy claro: sabes qué es aquello que quieres encontrar y quizá tengas incluso una idea de cómo va a ser la verdad cuando la encuentres. Ahora bien, espera un minuto: ¿cuándo fue la última vez que cambiaste de opinión? ¿Lo has hecho alguna vez?

Puede resultar duro ser tan rígido en lo que deseas, y cuando tienes que recorrer un camino tan largo necesitas contar con un poco de flexibilidad y empatía. No eres mejor que el mundo que te rodea. No permitas que tu orgullo te diga que sí. ¡No seas engreído! Formas parte de este bello planeta… Sí, tú, con tu feroz pensamiento crítico y tu alma inusual. Perteneces a él, y aceptarlo forma también parte de tu viaje.

Buscador, no quiero decirte lo duro que es este camino. Y tampoco tengo por qué hacerlo. Tú sabes, con la nitidez y el brillo de un diamante, lo difícil que puede resultar decir tu verdad o escuchar la de otro.

Estás vinculado con Helios, conduces su carro de sol por el cielo…, pero esto también nos hace pensar en Ícaro, el muchacho que voló demasiado cerca del sol y cayó. Tú no eres la brillante luz de la verdad, pero la anhelas. La necesitas. Eres quizá ese tipo de personas que, siendo niños, pasaban el dedo a través de la suave llama de una vela una y otra vez. ¿Te acuerdas? No te creías lo inofensiva que era. ¿Cómo podía ser solo aire cuando tú podías ver la luz? Y luego, quizá moviste el dedo un poco demasiado deprisa por la parte dorada y atrapaste el auténtico triángulo azul de calor que había debajo. Y recuerdas, sospecho, el dolor.

Aun así, el dolor fue interesante, ¿no es cierto? Conociste algo nuevo. Y para ti lo importante ha sido siempre el conocimiento. Hay en ti, Buscador, algo del sabio solitario, del que se muestra distante. Es posible que lo escondas bien, pero hay una parte de ti que se siente siempre algo apartada. Cuando te duele, ¿tienes alguna vez la sensación de que hay una pequeñísima parte de tu mente que piensa que, caramba, es interesante? Cuando sufres, ¿alguna vez te das cuenta de que estás analizando por qué? Esta parte de ti ansía con tanta fuerza mantenerte seguro que se desvincula; tus mecanismos de defensa son muy profundos, y no hay nada más destructivo para un mecanismo de defensa que jugárselo todo a algo. Sobre todo si ese algo es una emoción.

¿Cuándo fue la última vez, Buscador, que te lo jugaste todo a una emoción? ¿Cuándo fue la última vez que te permitiste abrir tus sentimientos? ¿Qué sucedería si lo hicieras?

La rueda de los sentimientos

La rueda de los sentimientos, desarrollada al mismo tiempo y de forma independiente en los años ochenta por dos psicólogos, Gloria Willcox y Robert Plutchik, es una herramienta que nos ayuda a nombrar lo que estamos sintiendo. Está formada por tres ruedas: una interior, otra central y otra exterior. Vamos a utilizar la de Willcox, porque es más adecuada para una persona no familiarizada con la psicología, pero puedes consultar ambas.

La rueda interior contiene las emociones básicas: furioso, triste, asustado, alegre, poderoso y apacible. Las exteriores muestran divisiones de estas emociones en otras más concretas. «Asustado», por ejemplo, conduce a rechazado, confuso, impotente; rechazado más confuso conduce a desconcertado, desanimado e insignificante.

Durante una semana, reflexiona sobre la verdad acerca de ti mismo. Pon dos recordatorios en tu móvil, uno por la mañana y otro a la hora de comer, y haz una pequeña tabla en una página en blanco de tu cuaderno. Deja mucho espacio. Etiqueta las columnas con AM y PM, y las filas con los días de la semana. Todos los días, dos veces, quiero que vuelvas a esta rueda y compruebes tus emociones.

El ejercicio de la rueda de los sentimientos constituye, de una forma muy especial, una búsqueda de un tipo diferente de conocimiento.

Al final de cada semana, repasa las notas que has tomado y plantéate las siguientes preguntas: ¿hay patrones? ¿Ves algo diferente? ¿Algo que te sorprenda? Vuelve tu hermosa mente analítica hacia dentro y resuelve ese rompecabezas que eres.

Necesitas sentir, Buscador. Necesitas percibir no solo lo que es el mundo, sino lo que tú eres en él.

En ocasiones te has retirado instintivamente del entorno para comprenderlo mejor, y la verdad sin ambages es que eso no te va a conducir a nada. Necesitas estar dentro, Buscador. Necesitas ensuciarte las manos. Necesitas enredarte.

Camino de vida ocho:
El Dragón

8

Una aventura no merece la pena ser contada si no hay dragones en ella...

Este camino de vida es tan poderoso, tan afortunado, que ha habido casos de personas que se han cambiado de nombre para emprenderlo. Es el camino de vida del poder: del económico por encima de todo, de la riqueza, el dinero, el control y la abundancia. Es el poder del instinto obstinado, las decisiones cuidadosas y los destellos de brillante perspicacia. Está a la altura de todos los desafíos y puede mirar por encima del hombro a todos los miedos. Es el más seductor de todos los viajes: la persona materialista, los montones de joyas, las carteras abultadas y, al estilo de los dragones, los grandes almacenes de oro.

Yo lo denomino el camino de vida del Dragón que va a por todo el oro.

Bueno, más o menos.

Ocho, adopta el dragón como emblema. Un dragón chino de la suerte o el típico ladrón de joyas de Occidente, como prefieras. Su poderío es el tuyo. Su riqueza es la tuya. Y también sus fallos son los tuyos, precisamente aquellos contra los que te debes proteger con más cuidado.

La carta del tarot que lleva el número ocho es a veces La Justicia, aunque en otras barajas puede ser La Fuerza.

La Justicia, por supuesto, se representa como una jueza con una gran balanza de oro. Significa imparcialidad, integridad, equilibrio y, por encima de todo, causa y efecto. En la otra mano lleva una espada. Es el gobierno de la ley, del poder, de la sangre.

La Fuerza es una doncella montada sobre un león: lo poderoso y lo dulce, el cazador domesticado, el monstruo suavizado; y la valentía de los puros de corazón. Como verás, en ambas cartas concurren los mismos patrones. Las dos están relacionadas con la delicada línea que debe seguirse entre la fuerza bruta y el gran poder y la suavidad, la ternura y la compasión.

Tu tarea en esta vida consiste en tener ambas en mente. Así como la Justicia se apoya en su balanza, tú también debes encontrar el equilibrio.

Tu poder está en tu mente. Eres impulsivo, rápido y te mueves por objetivos. Sabes lo que quieres, y también cómo conseguirlo. Eres capaz de poner el intelecto por delante de la materia (una muchacha montada en un gran león) y tus recompensas te llegarán con el tiempo. Inviertes en ti mismo, una y otra vez. Apuestas por ti, o deberías hacerlo, siempre.

Tienes todo lo que necesitas y lo sabes. ¿Lo sabes?

Reto de afirmaciones

Dragón, sabes que nadie va a creer en ti si tú no lo haces. Eres tanto el corredor de apuestas como el caballo. Tienes que rendir al máximo, pero también debes invertir el dinero. Esto último, en sentido metafórico. Eres aquello con lo que puedes contar, y tienes que creer que es cierto.

Me gustaría que escribieras tres afirmaciones. Tres poderosas invocaciones de tu propia fuerza y tu grandeza. No te preocupes, no hace falta que se lo cuentes a nadie. ¡De hecho, te aconsejo que te las guardes para ti si quieres gustarle a la gente!

Por ejemplo:

«Soy fuerte. Soy valiente. Soy poderoso».

O bien:

«Me valoro a mí mismo. Valoro mis opiniones. Valoro mi mente».

O bien:

«Puedo hacer esto. Puedo hacer esto. Puedo hacer esto».

Quiero que te lo digas a ti mismo cada mañana. Lávate la cara, cepíllate los dientes y dile al espejo la verdad: «Eres valiente, eres fuerte, eres amado». Cualquier cosa que necesites escuchar, escúchala primero de tu boca. Diversos estudios han demostrado que este tipo de diálogo con uno mismo tiene un valor increíble. Que cuando nos decimos a nosotros mismos que somos valientes, nos volvemos valientes. Nos convertimos en el dragón que tenemos que ser para cumplir la tarea. Nos volvemos poderosos, capaces. Nos transformamos en aquello que queremos ser. Manifestamos nuestra alegría y nuestra fuerza.

Tienes que ser la persona que sabes que puedes ser; y tienes que saberlo. Si tú no eres consciente, ¿cómo van a serlo los demás? Tu poder procede de tu interior; no es externo. Es tu fe en ti y el impulso que te conducirá adonde estás dirigiéndote. Tu mayor talento es hacer realidad las cosas; deseas, trabajas y así se cumplen. Tienes el toque de Midas, y de la mejor manera posible. Posees el raro poder de imaginar un plan de principio a fin y de tener la fuerza de voluntad para ejecutar tu capricho a la perfección. Ama esto de ti, Dragón. Ama el poder que albergas. No te avergüences, no escondas tu luz. Además, no puedes hacerlo. La gente se da cuenta. Percibe lo extraordinario que eres. Brilla, sé valiente y deja que la gente te ame por lo que eres.

Tú los quieres, por supuesto. Los amas con una lealtad y una fuerza que pocos pueden igualar. Defenderás a tus seres queridos hasta el final de los tiempos. Los sustentas como nadie. Para ti, eso es el amor: cuidarlos, mantenerlos seguros, llevarles a casa todo lo que puedan desear.

Ahora bien, ¿podría ser algo más? ¿Podrías dar entrada en tu vida a la ternura? El amor es, sin duda, más complicado que el dinero..., pero tú eres brillante, Dragón, en todos los sentidos. En consecuencia, ¿por qué te echas atrás en los asuntos del corazón?

La espada y los afilados dientes del león nos muestran que puedes ser implacable, Dragón, brusco y cortante. Aquí no encontraremos corazones ni flores. Te gusta que las cosas se hagan, y que se hagan bien. Puedes llegar incluso a ser manipulador y cruel para conseguir lo que quieres. Eres el proveedor supremo de las personas a las

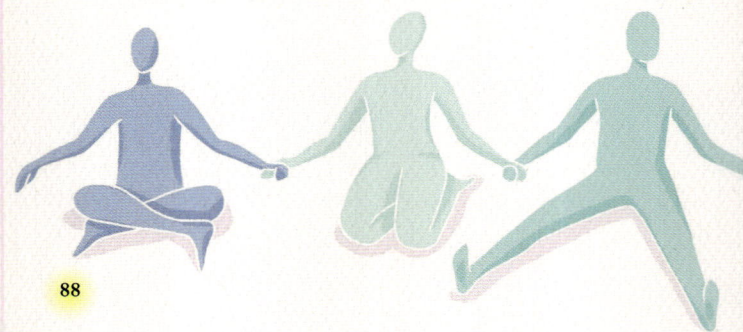

que amas, pero que el cielo ayude a todo aquel que te haga enfadar. De hecho, que el cielo ayude a cualquiera que se interponga en tu camino, ya sea por accidente o a propósito. ¿Podrías practicar hoy la ternura?

El no conocer tu propia vulnerabilidad te hace más vulnerable. Si no te conoces a ti mismo, si no reconoces tus puntos débiles y tus zonas magulladas, te sorprenderá muchísimo que otra persona las reconozca. Y ten por seguro que alguien lo hará.

Practica la ternura en tu vida personal; y también en la laboral. La ética no es algo opcional. La avaricia no es aceptable. La tendencia a acumular del Dragón te dejará solo y triste…, así que mantenla a raya. Si tienes más de lo que necesitas, regálalo. Abre los ojos, el corazón y la mente. Sigue adelante, Dragón, y prospera.

Camino de vida nueve:
El Ermitaño

9

$1 + 2 + 3 + 4 + 5 + 6 + 7 + 8 + 9 = 36$

$3 + 6 = 9$

★

$111.111.111 \times 111.111.111 = 12345678987654321$

$1 + 2 + 3 + 4 + 5 + 6 + 7 + 8 + 9 + 8 + 7 + 6 + 5 + 4 + 3 + 2 + 1 = 81$

$8 + 1 = 9$

En ti, todo está de acuerdo. Ya has estado aquí antes; y todo es tuyo. Tu vida es plena y rica; tu vida interior, quizá, la que más. Entiendes todo y a todo el mundo. Es posible que no siempre lo admitas. ¿Qué ganarías con ello? A nadie le gustan los sabelotodos, eso ya lo sabes. Sabes tantas cosas…

Oh, Ermitaño, ¿qué podría enseñarte?

Tu camino es el último, y el más duro. Es el camino de dejar ir.

El camino de los finales, y estamos llegando al final no solo del libro, sino también del gran ciclo de la vida. El número nueve contiene todos los demás. En este camino de vida están incluidas todas las cualidades, experiencias, esperanzas, sueños y miedos de los otros.

Ha costado tanto llegar hasta aquí; y tú has sido el que ha hecho ese trabajo. Y continúas haciéndolo, aunque duela. Sobre todo cuando duele. Sobre todo cuando estás solo.

Y hay veces en las que te sientes muy solo, muy incomprendido por aquellos que no han visto lo que tú has visto, que no han luchado como tú has luchado. No tienes miedo, pero estás cansado. Quizá demasiado cansado para seguir adelante. Y quizá eso sea señal de que necesitas parar. No puedes seguir así, ve por otro camino. Llevas unas cargas muy pesadas, Ermitaño. Tal vez haya llegado el momento de soltarlas. Puede que sea el momento de tirar algunas cosas y de regalar otras. ¿Quién puede recoger lo que tú estás soltando? ¿Quién puede ayudarte en tu búsqueda? Tu camino es solitario, pero tú contienes multitudes… y hay muchas personas que te ayudarán a hacer lo que necesitas hacer. Dales la oportunidad de llevar tu carga por ti, sea la que sea.

Has ganado muchísimo, y has aprendido muchísimo. Por tanto, ¿puedes ahora liberar lo que has aprendido y devolvérselo al viento? ¿Puedes devolver ese amor, ese aprendizaje, a los que vienen detrás?

Estás en el escenario, y eres un Mago más anciano y más sabio.

Tu carta es la del Ermitaño, por supuesto, un hombre de pie con un farol, una estrella y un bastón. Está solo, en lo alto de una gran montaña que ya ha subido. Ha escalado él solo, atravesando tormentas y neva-

das, tiempos buenos y malos, y ahora se vuelve hacia adentro, hacia el yo.

El Ermitaño

Es el patrón del autodescubrimiento, del autoconocimiento, y de una percepción, a través de su propia sabiduría profunda, del hecho de que el yo es el universo y el universo es el yo. Está conectado con todo. Todas las cosas están conectadas a él y a través de él: a través de ti.

Y esto, Ermitaño, es lo que debes recordar… porque tu tarea es soltar. Desprenderte de las cosas materiales, de aquello que te da forma, y abrirte a lo desconocido. Suéltalo. Tú eres todo y todo es tú. Tu sentido del yo, tan cuidadosamente bruñido y aprovechado a lo largo de tantas vidas, ahora no hace más que interponerse en tu camino. Es aquello que te está impidiendo ver el universo como es, y el lugar que te corresponde en él. Renuncia a los lazos que te atan. Inspira. Exhala. Sé libre.

Respira hondo. Respira despacio. Inspira mientras cuentas hasta seis. Exhala contando hasta ocho. Inspira por la nariz y exhala por la boca. Sé consciente de tu cuerpo: inhala el mundo y vuelve a soltarlo en un suspiro mientras los átomos de tus pulmones cambian la atmósfera de aquello que te rodea. Cuando una mariposa agita sus alas, en algún lugar se crea una tormenta. Tú eres tanto la mariposa como la tormenta, y debes convivir con ello lo mejor que puedas. Vive con ligereza, Ermitaño. Hoy estás aquí, mañana te habrás ido. ¿Cómo podemos movernos con propósito en un mundo así? ¿Cómo podemos seguir adelante sabiendo que la vida es una breve vela, que la luna llega después del sol, que el sol llega después de la luna y que un día ambos brillarán sobre un mundo en el que ya no estaremos?

Tu reto, Ermitaño, es soltar. Y no es tarea fácil. Queremos aferrarnos a aquello que amamos, a lo que somos. Pero el cambio es inevitable. Ya lo has visto a lo largo de tu vida. Y ese cambio llega para todo el mundo, y tú lo has experimentado: te ha quitado cosas, y te ha dado otras… No debes aceptar el cambio cuando llegue, sino buscarlo. Debes hacer cambios ahora, hoy, que te hagan más libre. Debes liberarte de los lazos opresores que te atan a la tierra, como dijo el poeta, y lo que eso signifique solo lo sabes tú.

Conoces lo masculino y lo femenino, y puedes tomar de cada uno lo que desees. Sabes que tu género es como

tú lo hagas; que el amor es como tú lo concibas; que la vida es como tú la quieras imaginar. Eres sabio más allá de tus años; no tienes miedo a nada.

Tu búsqueda aquí, supongo, es aprender a no tener miedo del miedo.

No te puedes librar del miedo. Es natural, y también sano. Pero puedes aprender a aceptarlo. Acepta el terror. Acepta el cambio. Acepta, incluso, el dolor.

Acéptalo todo. Acepta cada breve momento en esta tierra, voluble y fugaz. El sabor de una buena comida, la caricia de un ser querido, el sol que asoma desde detrás de una nube o la torrencial tormenta de verano. Calor. Una taza de té. La vida es un tapiz de dolor y alegría, de pena y amor, y de una soledad salvaje y abrasadora; de momentos de alegría extática, de paz perfecta y de un terror que te encoge el corazón, todo cosido en una gran colcha que nos acoge con calor y ternura. Es un tapiz de tiempo y espacio, de energía, reparación y descomposición. Un tapiz. Y, quizá, una cortina: un telón que cuelga sobre un escenario.

Fuiste el Mago, en su momento, deslumbrante y listo para empezar su espectáculo a la luz de un único foco. ¿Te acuerdas? Fuiste el Mago, y el Soñador; un Cuentacuentos; un Maestro. Fuiste un Espíritu Libre, una Diosa Doméstica, un Buscador, un Dragón que almacenaba oro y compartía riqueza. Eres todas esas cosas… como somos todos, como todos podemos ser y seremos. Tú eres todos nosotros, y has sido todo, empezando a la luz de un único foco en un escenario.

Y ahora, un nuevo telón que oculta un nuevo escenario, envuelto en oscuridad; un escenario mayor que el que cualquiera de nosotros haya visto. ¿Qué podríamos traer a un nuevo ciclo? ¿Qué canciones, qué sueños, qué historias? ¿Qué hogares podríamos construir, qué conocimientos podríamos encontrar, qué tesoros dorados podríamos descubrir?

Ermitaño, baja el telón con tu enorme bastón. Cuelga tu farol y muéstranos las estrellas.

Respira hondo. Enséñanos el futuro. Empezamos otra vez.